Inhalt

Expatriates - Führungskräfte im Ausland

Kernthesen

Beitrag

Fallbeispiele

Weiterführende Literatur

Impressum

Expatriates - Führungskräfte im Ausland

M.Sydow

Kernthesen

- Auslandsentsendungen tragen dazu bei, in Unternehmen interkulturelles Know-How aufzubauen. (1)
- Auswahl, Vorbereitung und Rückkehr sind vom Unternehmen wie auch von der Führungskraft sorgfältig zu planen. (10), (12), (16)
- Schließlich kann den entsendeten Expatriates auch die Wiedereingliederung in die Kultur des Heimatlandes Schwierigkeiten bereiten (Reverse Culture Shock). (11)

Beitrag

Auslandsentsendungen von Führungskräften spielen für international agierende Unternehmen trotz des steigenden Kostendrucks eine ungebrochen wichtige Rolle. Denn die ins Ausland entsandten Führungskräfte oder auch so genannte Expatriates bauen im Ausland Tochtergesellschaften oder Niederlassungen auf und begleiten diese sowohl strategisch als auch operativ. Der Hintergrund für eine Entsendung von Expatriates ist allerdings zunehmend die Pflege der Kommunikation zwischen Mutter- und Tochtergesellschaften. (4)

Im Folgenden werden die Auswahlkriterien von Expatriates formuliert und zudem wichtige Schritte zur Vorbereitung des Auslandsaufenthaltes skizziert. Anschließend werden mögliche Probleme während und nach der Entsendung ins Ausland angeführt.

Auswahlkriterien für Expatriates

Aufgrund der hohen Abbruchquote von Expatriates ist ein besonderes Augenmerk auf die Auswahl der entsprechenden Kandidaten für eine Auslandsentsendung zu legen. Denn jeder Abbruch verursacht enorme Kosten für das jeweilige Unternehmen. Neben den Kosten für eine anschließende Neuorganisation der unbesetzten Stelle im Ausland treten auch indirekte Kosten durch mögliche gestörte Beziehungen im Zielland beispielsweise zu Kunden oder lokalen Firmen auf.

Als vorrangiges Auswahlkriterium gilt zunächst das gesuchte Fachwissen. Daneben haben sich inzwischen eine Reihe weiterer Hauptdeterminanten interkultureller Eignung entwickelt. Aus publizierten Studien haben Wissenschaftler aus Bayreuth sieben erfolgskritische Anforderungsmerkmale identifiziert. Diese sind im Folgenden skizziert:

-Ambiguitätstoleranz: Fähigkeit, mit komplexen Situationen umgehen zu können
-Verhaltensflexibilität: über ein weites Verhaltensrepertoire verfügen zu können
-Zielorientierung: trotz Widerstand die eigenen Ziele durchsetzen zu können
-Kontaktfreudigkeit: Interesse an sozialen Beziehungen
-Einfühlungsvermögen: über Empathie zu verfügen
-Polyzentrismus: Vorurteilsfreiheit gegenüber fremden Meinungen
-Metakommunikative Kompetenz: Fähigkeit, Kommunikationsstörungen auszumerzen

Um geeignete Expatriates aus dem Bewerberkreis herauszufiltern, gibt es eine Reihe von Verfahren. Hierzu gehört beispielsweise das strukturierte Auswahlinterview, bei dem, neben Fragestellungen zur Selbstvorstellung, auch biografische Bereiche abgefragt werden. (15), (16)

Vorbereitende Schritte für den Einsatz im Zielland

Ist die Auswahl getroffen, gilt es, die Expatriates bestmöglich auf ihre künftigen Aufgaben vorzubereiten. Dazu gehört in jedem Fall ein Sprachkurs sowie ein interkulturelles Training, um sich auf das Zielland einzustimmen. Kulturelle Unterschiede, die sich beispielsweise im Arbeitsstil sowie in unterschiedlichen Hierarchiestrukturen oder Entscheidungswegen ausdrücken, können ohne das notwendige Verständnis dafür die Arbeitsziele behindern. Außerdem sollten vertragliche Regelungen und rechtliche Unterschiede zwischen Ziel- und Heimatland vor der Abreise geklärt werden. (9), (12), (15)

Mögliche Probleme während des Auslandseinsatzes

Insbesondere sprachliche Hürden und kulturelle Unterschiede erwarten Expatriates im Ausland. Gerade fehlende Kontakte zu Mitarbeitern im fremden Unternehmen oder zu Einheimischen erschweren zu Beginn der Entsendung die Eingewöhnung in das neue Umfeld. Eine Reihe von Internetangeboten hat sich diesen Problemen gewidmet. Speziell für Expatriates gibt es Internetseiten, welche auf die einzelnen Phasen des Entsendungsprozesses abgestimmt sind und Kontakte sowie Beratungsangebote offerieren. Schließlich werden Expatriates in der Regel vom heimischen Unternehmen unterstützt. Oft wird Ihnen vor Ort ein Mentor oder Ansprechpartner zur Seite gestellt. (2), (12)

Reverse Culture Shock Probleme bei der Rückkehr ins Heimatland

Nach einem erfolgreichen Auslandsaufenthalt kommt nach der Heimkehr oft ein Gefühl von Fremdheit auf der so genannte Reverse Culture Shock. Hinzu kommt, dass Rückkehrer den Eindruck gewinnen, im Unternehmen interessiert sich niemand für die gemachten Erfahrungen. Zudem kann auch der erwartete Karrieresprung ausbleiben, da in der Zwischenzeit die eigenen Kontakte innerhalb des Unternehmens zurückgegangen sind. Deshalb sollte der Rückkehrposten von Führungskräften, die ins Ausland gehen möchten, bereits vor der Abreise geklärt werden. (10), (11)

Fallbeispiele

Allianz Worldwide Care betrachtet die Osterweiterung der EU als Chance für eine Belebung der Nachfrage nach Auslandskrankenversicherungs-Angeboten für Expatriates. Dabei sieht das Unternehmen große Potentiale in wirtschaftsstarken osteuropäischen Ländern wie Tschechien und Polen. Derzeit liegt Allianz Worldwide Care in diesem Geschäftsfeld weltweit auf dem zweiten Platz. (7)

Als weltweit agierender Chemiekonzern beschäftigt Degussa zahlreiche Mitarbeiter im Ausland. Vor allem die USA und Asien sind dabei die Hauptziele der entsandten Expatriates. Das Unternehmen bietet eine sorgfältige Vorbereitung vor der Entsendung ins Ausland an. Hierzu gehören neben Sprachunterricht und interkulturellem Training auch eine Vorbereitungsreise, Treffen mit ehemaligen Expatriates sowie eine entsprechende Gesundheitsvorsorge. Für den Fall, dass sich die Eingewöhnung im Ausland problematischer gestaltet, finanziert Degussa auch etwaige Sitzungen bei Psychologen. (9)

Bosch bezuschusst das Schulgeld für die Kinder des Entsandten sowie die Mietkosten. Unterstützung findet auch der Ehepartner bei Bosch. Aufwandsentschädigungen für die Stellensuche des Partners und sogar Weiterbildungsmaßnahmen am Zielort werden erstattet. Bosch spielt aber auch in der Rückkehrintegration eine führende Rolle: Rückkehrer werden mit ihrem Partner zu Workshops mit anderen Rückkehrern eingeladen um Erfahrungen auszutauschen. Auch die Entwicklung des Mitarbeiters wird durch Gespräche mit Personalreferenten eruiert, um feststellen zu können, wo im Unternehmen die neu gewonnenen Fähigkeiten am besten eingesetzt werden können. Zusätzlich wird von Bosch nach der Rückkehr aus dem Ausland eine Weiterbildung zum internationalen Berater ermöglicht. (10), (11)

Weiterführende Literatur

(1) Der Clash der Unternehmenskulturen
Firmenfusionen führen zu interkulturellen Verständigungsproblemen / Missverständnisse schmälern das Geschäft / Lernziel Geduld
aus Frankfurter Rundschau v. 27.09.2003, S.21

(2) Expatriates und Internet: Möglichkeiten für das internationale Management
aus Wirtschaftspsychologie aktuell, Heft 2/2003, S. 16-19

(3) Interkultureller Wissenstransfer - strategisch unverzichtbar für Global Player
aus wissensmanagement, Heft 4, 2004, S. 48

(4) Höhenflug mit Turbulenzen
aus Lebensmittel Zeitung Spezial Nr.04 vom 12.12.2003 Seite 020

(5) Lokale Lösung Osteuropäische Führungskräfte machen den Expatriates Konkurrenz
aus Financial Times Deutschland vom 09.07.2004, Seite 28

(6) Neue Gesichter in Chinas Topetagen Ausländische Firmen stellen im Wirtschaftswunderland zunehmend Einheimische ein
aus Financial Times Deutschland vom 25.06.2004, Seite 32

(7) Allianz profitiert von EU-Erweiterung Mehr Auslands-Krankenversicherungen / Derzeit 55 000 Mitglieder
aus Allgemeine Zeitung vom 1.6.2004

(8) Den Karrierestau ostwärts umgehen Die Entwicklungschancen für deutsche Manager in den neuen EU-Ländern sind enorm. Viele scheuen vor dem Wechsel zurück. Zu Unrecht
aus Financial Times Deutschland vom 28.05.2004, Seite 36

(9) Kulturschock Nomaden de luxe
aus Frankfurter Rundschau v. 21.04.2004, S.28, Ausgabe: S Stadt

(10) Beim Auslandseinsatz ist nicht nur die Entlohnung vor Ort wichtig. Auch die Frage, was danach kommt, muss sorgfältig bedacht werden Dschungel-Zulage ist passé
aus Die Welt, Jg. 59, 17.04.2004, Nr. 90, S. B1

(11) Nach dem Auslandsjob kommt manch ein Rückkehrer nicht wirklich in der Heimat an - Irritierendes Gefühl von Fremdheit
aus Stuttgarter Zeitung, 29.05.2004, S. 0

(12) "Nur rund ein Viertel erlebt einen Karrieresprung"
aus Frankfurter Allgemeine Sonntagszeitung, 02.05.2004, Nr. 18, S. 53

(13) Die Osterweiterung, fürchten drei Viertel aller Deutschen, gefährdet Arbeitsplätze im Land. Doch das Gegenteil könnte der Fall sein. Viele Firmen, die im Ausland investieren, schaffen auch daheim mehr Stellen Der Osten lockt
aus Die Welt, Jg. 59, 29.04.2004, Nr. 100, S. 16

(14) IT-Standort China/Sicheres Auftreten in China: Fingerspitzengefühl ist wichtiger als starre Regeln Ein freundliches Lächeln hilft immer
aus Computerwoche, 09.07.2004, Nr. 28, S. 42-43

(15) Gorlick, Ron, Brücke über den Atlantik, Harvard Business Manager, 01.11.2003, S. 103
aus Computerwoche, 09.07.2004, Nr. 28, S. 42-43

(16) Auswahl für internationale Tätigkeiten
aus Wirtschaftspsychologie aktuell, Heft 2/2003, S. 20-25

Impressum

Expatriates - Führungskräfte im Ausland

Bibliografische Information der deutschen Nationalbibliothek

Die Deutsche Nationalbibliothek verzeichnet diese Publikation in der deutschen Nationalbibliografie; detaillierte bibliografische Daten sind im Internet über http://dnb.d-nb.de abrufbar.

ISBN: 978-3-7379-0164-2

© 2015 GBI-Genios Deutsche Wirtschaftsdatenbank GmbH, Freischützstraße 96, 81927 München, www.genios.de

Alle Rechte vorbehalten. Dieses Werk ist einschließlich aller seiner Teile – z.B. Texte, Tabellen und Grafiken - urheberrechtlich geschützt. Jede Verwertung außerhalb der Grenzen des Urheberrechtsgesetzes bedarf der vorherigen Zustimmung des Verlags. Dies gilt insbesondere auch für auszugsweise Nachdrucke, fotomechanische Vervielfältigungen (Fotokopie/Mikroskopie), Übersetzungen, Auswertungen durch Datenbanken oder ähnliche Einrichtungen und die Einspeicherung und Verarbeitung in elektronischen Systemen.